진정한 행복을 찾고 있는
소중한 너에게

진정한 행복을 찾고 있는
소중한 너에게

발행일 2017년 9월 20일 초판 1쇄 발행
        2022년 10월 18일 초판 4쇄 발행

저   자 류광수 목사
발행처 사단법인 세계복음화전도협회, 도서출판 생명

서울시 강서구 강서로 56길 84(237센터)
(문의 wedarak@gmail.com)
www.weea.kr │ @wedarak(인스타그램)

이 출판물의 출판권과 저작권은 사단법인 세계복음화전도협회에 있습니다.
따라서 무단 전재와 무단 복제를 할 수 없습니다.
잘못된 책은 교환해 드립니다.

진정한 행복을 찾고 있는

소중한 너에게

원작 — 류광수 목사

목차

PROLOGUE
존경하는 할아버지께 / 6

첫 번째 질문, 할아버지는 정말 행복하시나요?
두 번째 질문, 하나님은 어떤 분이신가요?

나로부터 시작된 문제 / 24

세 번째 질문, 하나님은 왜 모든 사람을
　　　　　　 행복하게 해주지 않으신 거예요?

하나님을 만나기 위한 몸부림 / 34

네 번째 질문, 사람이 먼저
　　　　　　 하나님을 만날 수는 없나요?

🌿 시작과 끝 / 42
    다섯 번째 질문, 위대한 사람은 행복했을까요?

🌿 구원이라는 선물 / 56
    여섯 번째 질문, 하나님을 만나면
                  정말 모든 문제가 해결되나요?
    일곱 번째 질문, 하나님이 나와 함께하신다는
                  사실을 어떻게 알 수 있나요?

🌿 EPILOGUE 하나님을 만나고 난 후 / 80
    매일 누려야 할 것
    할아버지의 기도
    추신, 잊지 말 것

PROLOGUE

존경하는 할아버지께

첫 번째 질문,
할아버지는 정말 행복하시나요?

두 번째 질문,
하나님은 어떤 분이신가요?

존경하는 할아버지께

할아버지, 안녕하세요? 저 준희예요.

바쁘다는 이유로 평소에 자주 찾아뵙지 못해서 죄송해요. 하지만 제게 할아버지는 언제나 가장 멋진 분이시고, 늘 할아버지를 존경하고 있다는 거 알고 계시죠?

할아버지, 저는 어릴 때부터 할아버지, 할머니에게서 하나님에 대한 말씀을 듣고 자랐고, 부모님 손에 이끌려 교회에도 다니고 있지요. 그런데 사실 왜 하나님을 믿어야 하는지 모르겠더라구요. 하나님이 나와 아무 상관 없는 분처럼 느껴지기도 하구요.

그러던 중에 지난 할아버지 생신날 제게 들려주신 복음이 늘 듣던 말씀과는 다르게 와닿더라구요. 그때 마음 한구석이 뜨거워지고, 늘 뭔가 의문이 풀리지 않던 문제들의 실마리가 풀린 것처럼 느껴지는 거예요! 그래서 영접기도를 따라 할 땐 왈칵 눈물이 쏟아졌어요.

할아버지, 그런데 그날 이후 생각이 더 복잡해졌어요. 분명히 내가 하나님 자녀가 된 것 같긴 한데, 일상엔 변함이 없고 제 자신조차 그대로인 것 같거든요.

할아버지, 전 정말 궁금한 게 많아요.

전에는 당연했던 것들이 지금은 왜 그런지 알 수가 없는 것 같아요.

할아버지는 하나님 자녀가 되고 나서 행복하시나요? 도대체 하나님은 어떤 분이신가요? 왜 세상을 사랑한다고 하시면서 모든 사람을 행복하게 해주지 않으신 거예요? 사람은 왜 하나님께 먼저 찾아갈 순 없을까요? 그럼 사회와 국가에 공헌한 수많은 역사적 위인은 하나님을 모른다는 이유 하나만으로 행복하지 않았을까요? 하나님을 만나면 정말 모든 문제가 해결되는 게 맞나요? 저는 사실 잘 모르겠거든요. **하나님이 나와 함께하신다는 사실은 어떻게 알 수 있죠?**

    이런 질문들이 계속해서 생각의 꼬리를 물고 이어져서 공부에 집중할 수 없을 지경이에요…. 사실 이런 질문들은 할아버지 말고는 말하기가 좀 쑥스러워요. 할아버지가 편하실 때 답을 해주시면 정말로 감사하겠습니다!

    그럼, 항상 건강하시고, 자주 찾아뵙도록 할게요. 사랑해요. 할아버지!

- 손자, 준희 올림

준희, 보아라.

할아버지다. 편지 잘 받았다. 할아버지와 할머니는 네가 건강한 사회의 일원으로 성장하고 있다는 소식을 듣는 것만으로도 참으로 기쁘고, 또 감사하구나.

준희야, 사람은 나이가 들수록 질문들이 사라지고 삶 속에서 견고하게 굳어진 가치관과 고정관념대로 살아가기 마련이더구나. 그런데 요즘 젊은이 중에도 노인 같은 젊은이가 많은 것 같다. 이것을 늘 조심하렴.

한창 혈기 왕성하고 생각보다는 행동이 먼저일 네 나이에 이토록 중요한 질문들을 할아버지에게 해오니, 기쁘기가 그지없다. 네가 편지에 적은 질문들의 답은 지금부터 답장을 통해 차차 주도록 하마.

오늘은 너의 첫 번째 질문에 답을 해야 할 것 같구나.

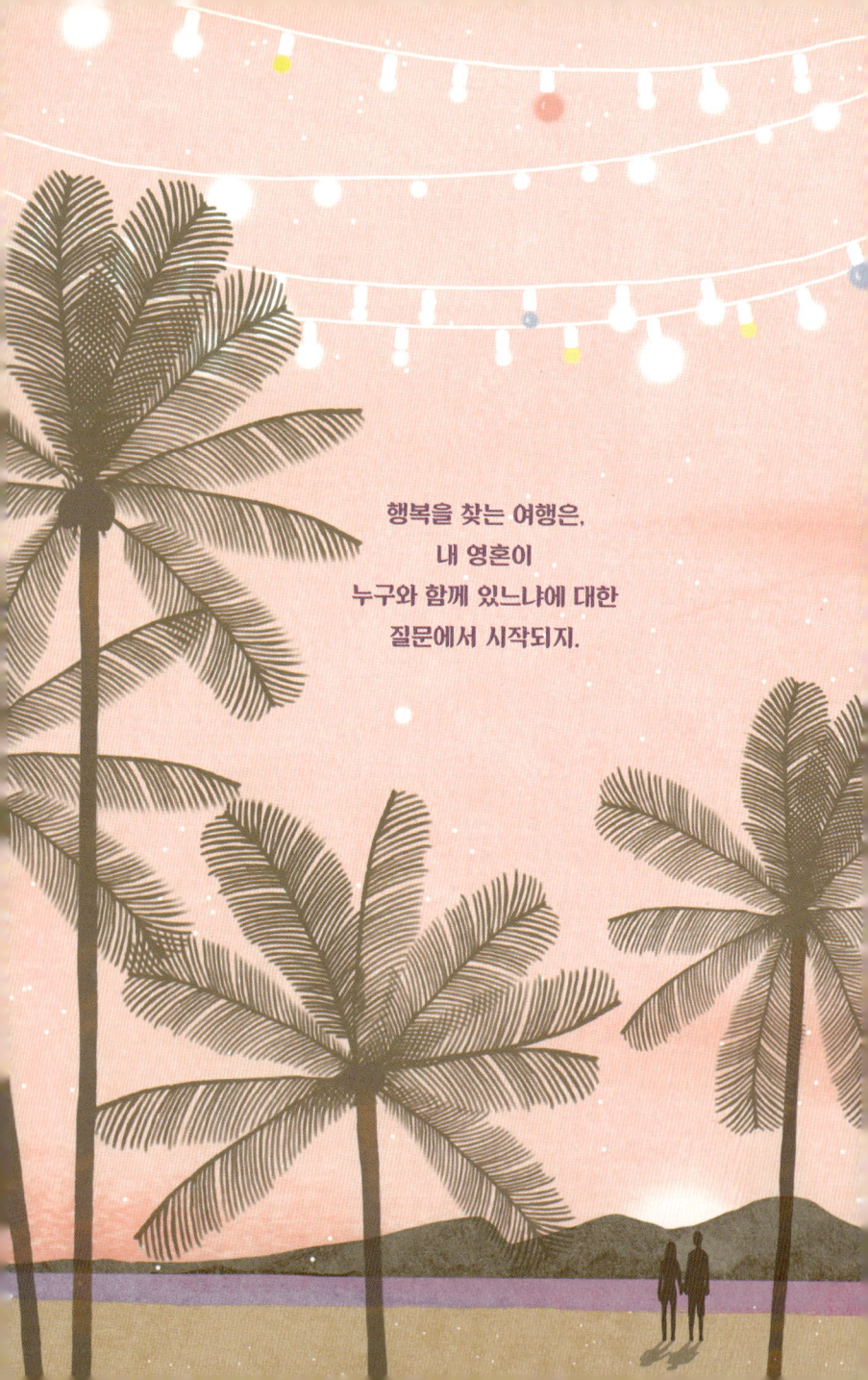

첫 번째 질문,
할아버지는 정말 행복하시나요?

준희야, 사람은 누구나 행복하게 살고 싶어 한다. 불행을 원하는 사람은 아무도 없을 거다. 그래서 성공을 위해 애쓰기도 하고, 좋은 사람을 만나 번듯한 가정을 꾸리는 데에 노력을 쏟기도 하지. 왜냐하면, 그런 것들이 행복으로 가는 길이라고 믿고 있거든.

사람들은 모두 행복을 찾아 목적지 없는 여행을 하는 것 같다. 세상이 만들어 놓은 기준의 행복, 그게 진짜인 줄 알고 나아가지. 그 끝을 알지도 못하는 채 말이다.

그런데 준희야, 할아버지는 네가 행복에 대해서 한

번쯤 깊이 생각해봤으면 좋겠다.

세상에서 성공한 사람들은 정말 행복할까? 할아버지는 우리가 흔히 알고 있는 백만장자나 유명한 연예인, 정치인 중에 불행한 삶을 이기지 못하고 스스로 생을 마감하는 경우를 많이 봐왔다. 왜 그런 사람들은 다 가진 것 같지만 공허하고, 성공한 것 같은데도 결국 실패했으며, 행복할 조건들을 다 갖춘 것 같은데 불행했던 걸까? 그 사람들은 한 가지를 몰랐기 때문이다. 사람의 행복은 그 영혼이 누구와 함께 있느냐에 따라 달려 있다는 사실 말이다. 그걸 **영적 사실**이라고 하지.

감사하게도 할아버지는 30년 전에 행복으로 향하는 비밀의 지도를 손에 넣었단다.

지금부터 그 누구도 알려줄 수 없는 비밀을 하나뿐인 너에게 알려주려고 한다.

세상을 창조하신 하나님이 모든 만드신 것 중에 가장 특별하게 창조하신 것이 사람이다. 아이가 엄마와 함께할 때 가장 평안하고 안전하게 느끼듯, 우리의 영혼은 **하나님과 함께할 때 가장 행복하고 평안하게 만드셨단** 다. 눈에 보이지 않는 그 영적 사실 하나로, 사람은 세상이 줄 수 없는 평안과 행복을 느끼며 살 수도 있고, 모든 것을 다 가져도 공허함과 외로움, 끝도 없는 불안으로 고통받으며 살 수도 있다.

그런데 많은 사람이 창조주가 아닌 사람이 모든 가치의 기준이라고 믿게 만드는 문화와 세상 속에서, 이 영적 사실을 무시하거나 모른 채 살고 있지. 그래서 그들이 의지할 것은 오직 자기 자신이란다. 평생 내 생각, 내 경험, 내가 배운 대로, 내가 가고 싶은 대로 인생을 살게 된다는 거다. 내 힘껏, 능력껏, 의지대로 피나는 노력을 하며 마음대로 할 수 있을 거라는 잘못된 믿음 속에서 말이야. 하지만 정작 인생은 자기가 원하는 대로 흘러가지 않지. 그러니 그 얼마나 고달픈 인생이겠냐.

준희야, 지금까지 너는 창조주가 없다고 말하는 교육

을 받으며, 그런 문화 속에서 자라왔을 거다. 그런데 그 어떤 것으로도 풀리지 않는 인생의 비밀은 바로 창조주 하나님이 세우신 원리, 원칙을 이해하는 것에서 해답을 얻을 수 있다. 바로 **창조 원리** 말이다.

이 세상은 저절로 우연히 생긴 것이 아니라, 누군가의 철저한 계획에 따라 만들어졌지. 세상을 만드신 그분이 바로 창조주 하나님이시다.

창조주 하나님이 세상을 만드실 때, 그가 세우신 특별한 원리대로 창조하셨단다. 물고기를 만드실 땐, 물고기가 마음껏 헤엄치고 숨 쉴 수 있는 물부터 만드셨다. 새를 만들기 전에는 새가 날개를 펴고 날 수 있는 하늘을 먼저 만드셨지. 그리고 땅을 만드신 후에 땅속에 뿌리를 내리고 살아야 하는 나무를 만드셨단다.

너도 알다시피, 물고기는 물이 없으면 살 수 없고, 새는 하늘이 없으면 행복할 수 없을 거다. 나무는 땅이 없으면 뿌리가 말라 생명을 잃게 되지. 그렇다면 사람은 어떤 창조 원리로 만드셨을까?

앞서 말했듯이, 사람은 창조주 하나님이 가장 특별하게 만드신 피조물이다.

창세기에 보면, 하나님이 땅의 흙으로 사람을 지으시고, 그의 코에 **생기**를 불어넣으셔서 영적 존재가 되었단다. 그래서 사람은 숨을 거두고 나면, 흙으로 빚어진 그 육신은 결국 흙으로 돌아가게 된다. 그리고 영혼은 영원한 세계로 가게 되지.

*

창세기 1장 27~28절, 하나님이 자기 형상 곧 하나님의 형상대로 사람을 창조하시되 남자와 여자를 창조하시고 하나님이 그들에게 복을 주시며 하나님이 그들에게 이르시되 생육하고 번성하여 땅에 충만하라, 땅을 정복하라, 바다의 물고기와 하늘의 새와 땅에 움직이는 모든 생물을 다스리라 하시니라

*

창세기 2장 7절, 여호와 하나님이 땅의 흙으로 사람을 지으시고 생기를 그 코에 불어넣으시니 사람이 생령이 되니라

이렇게 영적 존재로 창조된 사람은 **하나님과 함께할** 때 행복할 수 있단다. 하나님과 함께하며, 하나님께 **예배** 드리고, **찬양**할 때 참된 행복을 누릴 수 있는 그런 존재가 바로 사람이다. 그리고 하나님은 사람에게 하나님 안에서 모든 피조물을 다스릴 수 있는 지혜와 축복도 주셨지. 이게 바로 성경이 말하는, 창조주 하나님이 사람에게 선물하신 참된 행복과 성공이다.

준희야, 할아버지는 **하나님의 은혜**로 이 영적 사실을 알고 나서부터, 그리고 하나님과 소통하는 진정한 나 자신을 찾게 되면서부터 참으로 행복하다.

두 번째 질문,
하나님은 어떤 분이신가요?

준희야, 하나님이 없다고 하는 것은 정말 어리석은 생각이란다. 그건 창조주를 부인하는 색안경을 끼고 있는 것과 마찬가지라서, 영적 사실로만 해석할 수 있는 세상을 옳게 볼 수가 없지.

하지만 분명한 사실은 하나님은 정말 계시다는 거다. 지금도 살아계셔서 우주 만물을 다스리시지. 그런데 그분은 눈으로 볼 수 없는 **영**이시기 때문에 안 계신 곳이 없고, 모르시는 일도 없으며, 할 수 없는 일도 없으신 분이란다. 그리고 눈에 보이거나 손에 만져지는 그 어떤

너와 나는
창조주 하나님이 만드신
모든 피조물 중에서
가장 특별한 작품이란다.

물건 안에 갇혀 계시는 분도 아니란다.

 하나님은 **말씀으로 이 세상을 창조하신 창조주**시다. 그 어떤 천재도 아무것도 없는 상태에서 새로운 것을 만들어낼 순 없을 거다. 뭔가를 만들어내려면 재료가 필요한 법이니까. 그런데 하나님은 아무것도 없는 어둠 속에서 빛을 만드시고, 세상을 만드시고, 온갖 동, 식물들을 만드셨지. 그리고 영적으로 소통할 수 있도록 사람을 하나님의 형상대로 만드셨다. 하나님의 능력은 끝이 없고, 그분은 모든 피조물에서 오직 영광만 받으시기에 합당하신 분이란다.

 그런 하나님이 모든 피조물 중에 특별히 사람을 사랑하셨다. 그러니까 너와 나는 창조주 하나님이 만드신 모든 피조물 중에서 가장 특별한 작품이란다.

나로부터
시작된 문제

세 번째 질문,
하나님은 왜 모든 사람을 행복하게 해주지 않으신 거예요?

세 번째 질문,
하나님은 왜 모든 사람을 행복하게 해주지 않으신 거예요?

준희야, 사람들은 저마다 크고 작은 상처들을 안고 살아가지. 감기처럼 얼마간의 시간이 지나면 아물게 되는 상처도 있지만, 평생 치유되지 않아 비슷한 사건을 만났을 때 곪아 터져버리는 지독한 상처도 있다. 누군가 너의 상처를 콕 집어 말한다고 하면 그 부분을 건드릴 때마다 넌 더 그 사람을 공격하거나, 너 자신을 방어하며 상처를 숨기려고 하겠지. 그러면서 상대방에게 상처를 주게 되지. 그런데 그 상처들은 하나님만 치유해주실 수 있단다. 왜냐하면, 그 모든 문제와 상처는 하나님을 떠나 있기 때문에 생겨났거든.

그렇다면 언제부터 하나님과 사람 사이에 문제가 생긴 것일까?

사람은 원래 하나님과 함께하며 최고의 행복을 누리고 살도록 지어졌다.

그런데 여기에 사탄이라는 존재가 끼어들었지. 사탄의 다른 이름은 마귀라고 하고, 그 졸개들을 귀신이라고 한다. 사탄은 원래 하나님께 찬양을 드리는 천사였지. 그런데 너무 교만해져서 일부 천사와 같이 하나님께 도전했다. 자신이 하나님 자리에 앉고 싶었던 게야.

결국 타락한 천사들은 하나님 나라에서 쫓겨나게 되었고, 사람들이 하나님을 알지 못하도록 속이는 사탄, 마귀, 귀신이 되어버렸다. 사탄과 천사는 하나님처럼 영이라서 눈에 보이지 않지만, 우리의 삶에 아주 가까이 있단다.

창세기 3장을 보면, 이 사탄이 최초의 사람인 아담과 하와를 속이는 장면이 나오지. 사탄은 자기가 하나님이 되고 싶은 교만이 사람에게도 있다는 것을 알고 있었단다. 그래서 아담과 하와에게 하나님을 떠나 스스로 하나님이 되라고 속인 거다. 결국, 사탄의 속임수에 넘어가 하나님을 떠난 아담과 하와 이후의 모든 사람은 죄를 지은 채로 태어나게 되었다. 그 죄를 원죄라고 한다. 그 어떤 사람도, 똑똑하고 돈이 많은 사람도 원죄에서 벗어날 수가 없다.

"모든 사람이 죄를 범하였으매 하나님의 영광에 이르지 못하더니" 로마서 3장 23절 말씀이 어떤 의미인지 알겠지?

사탄은 아직도 사람들에게 '자신이 인생의 주인이 되어야 한다.'고 속이고 있지. 그 속임수에 넘어간 사람들은 하나님을 떠난 채, 스스로 하나님 자리에 올라가려고 애쓰고 있다.

하지만 우리는 하나님과 함께해야 행복한 존재로 만들어졌다는 사실을 기억하거라. 하나님이 오직 사람에게만 하나님과 통할 수 있는, **영혼**을 선물하셨다는 사실 말이다. 영혼을 가진 사람은 **하나님과 함께해야만 행복**할 수 있다. 물고기가 물을 떠나서는 살 수 없는 것처럼 말이지.

준희야, 사람이라는 존재는 자기 자신을 위해 애쓰면 애쓸수록 마음에 구멍이 생긴다.

할아버지도 하나님을 만나기 전에는 이유를 알 수 없는 두려움과 불안에 늘 시달리곤 했지. 그 마음의 구멍을 채우기 위해 뭔가에 집착하게 되더구나. 하지만 그 집착은 또 다른 고통을 낳게 되었지.

어떤 누구도 스스로 원해서 하나님이 아닌 다른 것에 집착하는 사람은 없다. 젖을 먹는 아기가 엄마 젖을 먹지 못하면 이것저것 아무거나 빨아대는 것과 마찬가지다. 하나님을 모르면 사람은 엉뚱한 곳에 매달릴 수밖에 없는 법이지.

준희야, 세상에는 점점 편리한 것과 눈에 보기 좋은 것이 많아지고 있다. 갈수록 세상은 빠르게 돌아가고 있지. 그리고 끊임없이 사람들에게 돈이 많으면 행복해질 수 있다고 속이고 있다. 돈이면 뭐든 다 될 것 같고, 돈이 최고의 가치가 되어 버린 세상이다. 그런데 문제는 돈이 살아가는 데 필요한 것이긴 해도 참된 행복을 가져다줄 수는 없다는 것이다. 오히려 많은 돈을 손에 넣은 사람은 돈으로도 해결할 수 없는 문제가 있다는 것을 깨닫게 되면, 헤어날 수 없는 절망에 빠지게 되지.

준희야, 할아버지가 준희에게 당부하고 싶은 것은 가짜 성공에 마음을 뺏길 필요가 없다는 것이다. 많은 사람이 눈에 보이는 성공을 향해 달려가고 있지. 그런데 하나님을 모르는 채 좇는 성공은 반드시 무너지게 되어 있단다. 창세기 11장에 나오는 바벨탑처럼 말이다. 사람들이 바벨탑이라는 거대한 도시를 만들어 자기 이름을

높이려는 소망을 품었지. 그런데 하나님은 그 바벨탑을 쌓던 사람들을 모두 흩어버리셨다.

사랑하는 준희야, 명심하렴. 우리 자신은 절대 하나님이 될 수 없다는 것을. 그래서 때로 인생이 내 뜻대로 되지 않더라도 낙심하거나 실망할 필요가 없지. 자신이 하나님이 되려는 욕심에서 모든 불행이 시작되었다는 것을 항상 기억했으면 좋겠구나.

네 번째 질문은 다음 편지에 이어서 쓰도록 하마.

하나님을 만나기 위한 몸부림

네 번째 질문,
사람이 먼저 하나님을 만날 수는 없나요?

네 번째 질문,

사람이 먼저 하나님을 만날 수는 없나요?

준희, 보아라. 오늘은 네 번째 질문에 대한 답을 쓰려고 한다.

세상에 막 태어난 아기가 아무것도 모른 상태에서도 본능적으로 엄마 품에서 젖을 빨 때 행복하다는 것은 누구나 잘 알지. 마찬가지로 사람은 영적 존재로 창조되었기 때문에 본능적으로 하나님을 찾으려고 한다. 하지만 사람의 힘으로는 그 어떤 노력을 해도 하나님을 만날 수가 없단다. 그러다 보니 많은 사람이 하나님을 대신할

신적인 존재를 찾게 되는데, 대표적으로 귀신을 섬기는 무속인을 의지하게 되지. 그것은 아주 오래전이나 지금이나 변함이 없다.

준희야, 사도행전 13장을 보면, 사도 바울과 바나바가 구브로 섬의 바보라는 곳에 도착해서 복음을 전한다. 그런데 엘루마라는 마술사가 방해하지. 엘루마는 궁중에서 총독을 모시는 박수 무당이었다. 그 당시에 총독은 아주 높은 지위에 있는 사람이었지. 그런데 그 총독을 무슨 일을 결정할 때마다 귀신을 섬기는 엘루마의 도움을 받은 게야. 마치 이게 그 당시의 문화인 것처럼 보이지만, 사실은 정치를 통해 귀신이 그 지역을 지배하고 있던 것이란다.

지금도 많은 무속인이 곳곳에서 귀신을 섬기고 있다. 그리고 많은 사람이 무속인의 인도를 따라 잘못된 길을 가고 있지. 엄마를 잃은 아이가 엄마를 찾듯이, 의지할 하나님을 자신도 모르게 찾지만, 만날 수 없으니 말이야.

중요한 일을 앞두고 무속인을 불러다 굿을 하기도 한다. 혼자의 힘으로 할 수 없고 하나님이 주신 평안을 누릴 수 없으니 두려움, 걱정과 염려로 가득해서 그것에 의지하는 거지. 그런데 정작 사람들이 의지하는 무속인조차 자신의 운명을 올바른 길로 이끌어갈 수 있는 존재가 아니란다.

계속해서 사도행전 이야기를 해야 할 것 같구나. 사도행전 16장을 보면, 바울과 실라가 아시아에서 복음을 전하다가 지금의 그리스란 나라에 가게 되지. 마게도냐 지방의 첫 성인 빌립보에 도착해서 기도하러 가던 중에 한 귀신들린 여종을 만나게 된다. 그 여종은 귀신의 힘을 빌려 점을 쳐서 주인에게 돈을 벌어다 주었단다. 이 불쌍한 여종이 바울과 실라가 지나가자, 자신을 구원해 달라고 소리를 질렀지. 바울이 복음을 전했을 때, 그 여종에게서 귀신이 떠나갔단다. 그런데 귀신이 떠나 더 이상 여종이 점을 칠 수 없게 되니까 그 여종의 주인이 바

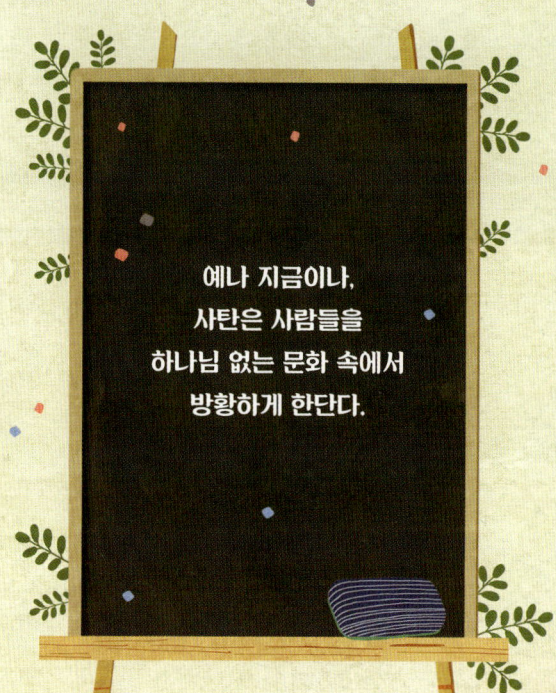

예나 지금이나,
사탄은 사람들을
하나님 없는 문화 속에서
방황하게 한단다.

울과 실라를 감옥에 가두어버린 거다. 그 주인은 귀신들린 여종이 점을 쳐서 벌어오는 돈에만 관심이 있었거든.

준희야, 너는 거리에서 타로라고 하는 갖가지 모양의 카드로 점을 쳐 주는 카페나 천막을 본 적이 있지? 할아버지도 그걸 볼 때면 마음이 답답해진다. 결국, 그것도 귀신문화지 않냐. 사탄이 점술을 가볍고 재미있는 놀이쯤으로 둔갑시켜서 젊은이들의 문화로 만들어버렸더구나. 요즘은 스마트폰으로도 별자리 운세나 오늘의 운세 같은 것을 쉽게 접할 수 있으니 할아버지는 애석할 따름이다.

사도행전 19장을 보면, 바울 선교팀이 터키의 에베소라는 도시에 들어갔을 때의 이야기가 나온다. 그곳의 사람들은 커다란 아데미 여신의 신상을 만들어 섬겼는데, 은으로 신상 모형을 만들어 꽤 많은 돈을 벌었던 모양이다. 바울이 복음을 전하며 사람이 만든 것은 신이 아니라고 했을 때, 그곳 사람들에게 엄청난 공격을 받아야

했다. 그 모형 만드는 사람들이 혹여나 사람들이 바울의 말을 듣고 신상 모형을 사지 않을까 봐 대단히 분노했기 때문이지. 그런데 몇 년 전, 할아버지가 터키의 에베소에 가보니 그 엄청나던 신전이 기둥 하나만 남겨진 채 모두 무너져버렸더구나. 바울의 말처럼 사람의 손으로 만드는 것은 절대 신이 될 수 없지.

그런데도 그때 에베소라는 지역을 완전히 사로잡았던 우상 종교가 지금도 문화유산이라는 이름으로 여전히 살아있다. 이런 것들을 보기 위해 많은 사람이 찾아가고 있으니, 우상 종교 뒤에 역사하는 사탄은 정말 끈질긴 놈이다.

준희야, 하나님을 떠난 사람은 사탄을 섬길 수밖에 없다. 사탄도 마지막 때까지 사람이 하나님을 알지 못하도록 모든 노력을 쏟고 있기 때문에 사람의 힘으로는 절대 하나님을 만날 수가 없다.

시작과 끝

다섯 번째 질문,
위대한 사람은 행복했을까요?

다섯 번째 질문,

위대한 사람은 행복했을까요?

준희, 보아라.

오늘은 다섯 번째 질문에 대한 답을 쓰려고 한다.

준희야, 네 말처럼 훌륭하다는 평가를 넘어서, 위대하다고 존경받는 사람들은 행복했을 것 같기도 하지. 할아버지는 세계사에서 위대한 영웅이라고 평가받는 나폴레옹에 대한 전기를 자주 읽곤 했단다. 그런데 그런 인물조차도 하나님 떠난 근본적인 외로움과 고통을 해결할 수는 없었단 사실을 발견하게 되더구나.

"내 사전에 불가능이란 없다."라는 나폴레옹의 명언

을 들어본 적 있을 거다. 그가 얼마나 자신감 넘치고, 그 누구보다도 자기 자신을 믿었던 사람인지 알 수 있을 거다. 나폴레옹은 자신의 인생을 스스로 이끌어가고 있다는 착각 속에 살았지. 자신이 영적 존재로 창조되었고, 하나님을 떠나있다는 사실을 몰랐으니 말이다. 요한복음 8장 44절을 보면, 하나님을 떠난 사람들은 스스로가 인생의 주인인 줄 알고 있지만, 사실은 사탄의 종노릇 하고 있다고 밝히고 있다.

*

요한복음 8장 44절, 너희는 너희 아비 마귀에게서 났으니 너희 아비의 욕심대로 너희도 행하고자 하느니라 그는 처음부터 살인한 자요 진리가 그 속에 없으므로 진리에 서지 못하고 거짓을 말할 때마다 제 것으로 말하나니 이는 그가 거짓말쟁이요 거짓의 아비가 되었음이라

그래서 자신이 의지할 수 있는 뭔가를 만들어 복을 달라고 비는 우상숭배를 하게 된다. 우상은 사람의 손으로 신의 형상을 만든 것인데, 그것뿐만 아니라 하나님보다 더 의지하는 모든 것을 우상이라고 한다.

나폴레옹도 우상숭배를 피할 순 없었지. 나폴레옹은 국민 앞에서 하나님을 믿는다고 했지만, 사실은 종교를 이용해서 가톨릭 신자였던 국민의 마음을 사려고 했던 것이었다. 결국, 나폴레옹도 하나님을 이용해서 자기 자신을 섬기는 우상숭배를 했던 게야. 그 배경에 사탄이 있다는 것을 모른 채 말이다. 사탄은 복을 달라고 비는 사람들에게 당장 좋은 것을 주는 것처럼 보이지만, 결국엔 더 큰 문제와 재앙으로 몰아간다.

고린도전서 10장 20절, 무릇 이방인이 제사하는 것은 귀신에게 하는 것이요 하나님께 제사하는 것이 아니니 나는 너희가 귀신과 교제하는 자가 되기를 원하지 아니하노라

우상숭배는 우상이 뭐가 됐던 결국 사탄을 섬기는 일이지. 그래서 영적으로 문제가 오게 되어있다. 우울증과 스트레스에 시달리고, 매일 밤 무서운 꿈과 가위눌림으로 발 뻗고 편히 잘 수도 없지, 그리고 그 문제가 더 심해지면, 귀신이 보여주고 들려주는 괴상한 것들로 심각한 마음의 병이 찾아오기도 한다. 사람 대부분이 이 문제조차 사탄이 주는 거라는 사실을 모르지.

나폴레옹은 어땠을까? 그 피비린내 나는 전쟁터에서 살다시피 하면서 얼마나 극심한 스트레스에 시달렸겠냐. <나폴레옹 - 위대한 프랑스를 향한 열정>2009, 서정복,

살림이라는 책을 비롯한 그에 대한 여러 책을 보니, 나폴레옹이 간질을 앓았다고 하더구나. 그래서 잠을 자다가 심한 발작을 일으키는 일도 많았다고 한다. 나폴레옹 같은 영웅도 영적 문제 앞에서는 고통받을 수밖에 없는 나약한 사람일 뿐이었던 거지.

*

마태복음 11장 28절, 수고하고 무거운 짐 진 자들아 다 내게로 오라 내가 너희를 쉬게 하리라

영혼과 정신에 병이 들면, 자연스럽게 육신에도 문제가 생기는 법이란다. 나폴레옹은 늘 위가 아파서 고통스러워했다고 한다. 잠도 마음 편히 잘 수 없고 스트레스에 눌려있다 보니 아무리 전쟁을 승리로 이끄는 영웅이라도 그 고통을 견디기가 여간 어렵지 않았을까 싶구나. 결국, 나폴레옹은 영국 세인트 헬레나Saint Helena라는 유

"내 사전에 불가능이란 없다." 나폴레옹은 이 말로 잘 설명된다. 나폴레옹 1세 Napoléon I, 1769.8.15~1821.5.5는 프랑스령의 외딴 섬 코르시카 출신으로 가난과 설움 속에서 군사학교를 졸업하고 뛰어난 능력으로 프랑스 구국의 영웅이 되었다. 프랑스 혁명 당시 이탈리아와 이집트 등지에서 전례 없는 승리들을 거두었다. 이를 바탕으로 국내에 정치적 지지 세력을 규합한 그는 1799년 쿠데타를 일으켜 제1통령, 나아가 종신 통령에 취임했고 1804년에는 황제로 즉위재위기간, 1804년~1815년했다. 그의 통치는 대내적인 개혁과 대외적인 정복으로 이어져 유럽에서 가장 강력한 제국을 건설했으나 1812년에 실시한 러시아 원정에서 실패한 이후 1814년에 몰락했다. 1815년 잠깐 다시 정권을 장악하지만 워털루 전투 패배 후 세인트 헬레나 섬으로 유배를 가서 1821년에 사망했다.

프랑스령의 코르시카 소귀족 출신으로 30대 초반에 프랑스 황제로 등극해 유럽의 절반을 제패하고, 교육, 종교, 문화, 법률 등 오늘날 프랑스의 초석을 남긴 인물이다. 지난 세기 프랑스 위인열전에서 항상 1등의 자리를 고수한그도 결국 20세기 드골에게 선두 자리를 내 준다. 위대한 인물이다.네이버 지식백과

배지에서 외롭게 말년을 보내다가 위암으로 세상을 떠나고 말았다.

*

사도행전 8장 4~8절, 그 흩어진 사람들이 두루 다니며 복음의 말씀을 전할새 빌립이 사마리아 성에 내려가 그리스도를 백성에게 전파하니 무리가 빌립의 말도 듣고 행하는 표적도 보고 한마음으로 그가 하는 말을 따르더라 많은 사람에게 붙었던 더러운 귀신들이 크게 소리를 지르며 나가고 또 많은 중풍병자와 못 걷는 사람이 나으니 그 성에 큰 기쁨이 있더라

사람이라면 누구에게나 인생이 끝나는 시기가 반드시 온다. 다만 하나님 말고는 아무도 그때가 언제인지 알지 못할 뿐이지. 사람의 생명을 시작하고 끝내시는 분이 바로 하나님이시니까 말이다. 나폴레옹은 워털루 전투Battle of Waterloo에서 패배하고 모든 것을 잃은 채 영국의 작은 섬으로 유배를 가게 된다. 그곳에서 삼엄한 감시를 받으며 집안에 갇혀 살다가 쓸쓸하게 죽음을 맞이했지. 천하를 호령하던 위대한 사람도 생명이 다하면 결국 흙으로 돌아가게 된다. 그런데 영혼은 육신처럼 썩어 없어지지 않고 영원히 존재하게 되지. 하나님을 믿는 사람의 영혼은 천국에서, 사탄마귀을 섬기던 사람의 영혼은 사탄을 가두려고 만들어놓은 지옥에서 영원히 살게 되는 거다.

*

히브리서 9장 27절, 한번 죽는 것은 사람에게 정해진 것이요 그 후에는 심판이 있으리니

준희야, 할아버지는 나폴레옹 역시 결국 하나님이 필요한 사람이라는 걸 깨닫게 되었다. 그의 인격이나 지식

하나님을 떠난 사람의 운명은
그 어떤 백만장자도, 유명인도,
역사적으로 위대한 사람도
피할 수 없단다.

이 모자랐다는 문제가 아니다. 그도 하나님의 형상대로 창조된 사람인지라, 하나님을 떠나있으면 하나님을 만나지 못하니 사탄에게 속아 자기도 모르는 사이에 지옥을 배경으로 살게 되는 것이다.

그런데 더 큰 문제는 이 고통을 후대에게도 물려준다는 거다. 나폴레옹도 이 문제를 피할 순 없었지. 나폴레옹한테는 황후에게서 낳은 아들이 하나 있었단다. 그 아들을 후계자로 삼으려고 나폴레옹이 얼마나 애를 썼겠냐. 그런데 나폴레옹이 유배를 가면서, 아들은 외할아버지의 나라인 오스트리아에서 자라게 된다.

그는 아버지를 닮아 똑똑하고 잘생긴 청년이었지만 오한과 고질적인 폐렴으로 21세의 젊은 나이에 생을 마감하고 말았다더구나. 늘 조국인 프랑스와 아버지를 그리워하며 우울증을 앓았단다. 나폴레옹은 아들을 정말 많이 사랑했겠지만, 행복이 아닌 불행한 삶을 물려줄 수밖에 없었던 거지.

사랑하는 준희야, 할아버지는 네가 한 가지를 명심했으면 좋겠구나. 우리는 **하나님과 함께해야만 행복**할 수 있다는 것을 말이다. 하나님을 떠나서 시작된 불행과 고통은 하나님을 만나기 전까지 끝없이 계속된다.

*

출애굽기 20장 3~6절, 너는 나 외에는 다른 신들을 네게 두지 말라 너를 위하여 새긴 우상을 만들지 말고 또 위로 하늘에 있는 것이나 아래로 땅에 있는 것이나 땅 아래 물 속에 있는 것의 어떤 형상도 만들지 말며 그것들에게 절하지 말며 그것들을 섬기지 말라 나 네 하나님 여호와는 질투하는 하나님인즉 나를 미워하는 자의 죄를 갚되 아버지로부터 아들에게로 삼사 대까지 이르게 하거니와 나를 사랑하고 내 계명을 지키는 자에게는 천 대까지 은혜를 베푸느니라

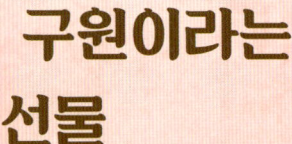

구원이라는 선물

여섯 번째 질문,
**하나님을 만나면
정말 모든 문제가 해결되나요?**

일곱 번째 질문,
**하나님이 나와 함께하신다는 사실을
어떻게 알 수 있나요?**

여섯 번째 질문,

하나님을 만나면
정말 모든 문제가 해결되나요?

준희, 보아라.

벌써 여섯 번째 질문에 대한 답장이구나.

준희야, 하나님은 세상을 너무나 사랑하셔. 그래서 그가 사랑하는 사람들이 불행한 채로 있도록 결코 내버려 두지 않으시고, 다시 행복을 찾을 수 있는 길을 마련해주셨다. 바로 예수 그리스도를 보내셔서 **구원의 길**을 열어주신 것이다. 아담과 하와가 하나님을 떠나는 죄를 저질렀을 때도, 이미 하나님은 **여자의 후손**인 예수 그리스도를 보낼 것을 약속하셨지.

　　＊
창세기 3장 15절, 내가 너로 여자와 원수가 되게 하고 네 후손도 여자의 후손과 원수가 되게 하리니 여자의 후손은 네 머리를 상하게 할 것이요 너는 그의 발꿈치를 상하게 할 것이니라 하시고

　성경은 하나님의 말씀을 기록한 책이라는 것은 누구나 잘 알지. 다시 말하면, 성경은 세상을 만드신 하나님 능력의 말씀이 적힌 책이지. 이 책은 구약과 신약으로 나누어져 있다. 구약은 **오실 그리스도**를, 신약은 **오신 그리스도**를 믿으면 구원을 받고 하나님과의 관계가 회복된다는 내용이 담겨있다.

　구약의 사람들은 **예수 그리스도**가 오셔서 자신을 구원해주실 거라는 믿음을 가질 때, 하나님 자녀가 되었다.

요한복음 3장 16절,
하나님이 세상을 이처럼 사랑하사
독생자를 주셨으니
이는 그를 믿는 자마다 멸망하지 않고
영생을 얻게 하려 하심이라

그리고 지금으로부터 2000년 전, 드디어 이스라엘 예루살렘의 어느 허름한 마구간에서 그토록 예언되고 기다려온 그리스도가 오셨지. 하나님의 말씀이 성취되는 순간이지. 그분은 하나님이란 증거로 남자를 가까이 하지 않은 처녀의 몸을 통해 탄생하셨다. 그분이 바로 예수님이란다. 우리의 지식과 상식으로는 도저히 이해할 수 없는 방법으로, 하나님은 아주 정확하게 자신이 하신 약속을 지키신 거란다.

이 예수님이 우리를 구원해주신 그리스도란 사실을 믿으면, 하나님을 만날 수 있다.

예수란 **구원자**라는 뜻을 가진 이름이고, 그리스도는 **기름부음 받은 자**라는 의미의 직분이다. 쉽게 말하면, 나폴레옹 황제에서 나폴레옹은 이름이고 황제는 직분인 것처럼. 이해가 되니?

그리스도란 구약시대에 기름을 부어 세웠던 선지자, 제사장, 왕이 하는 일을 한꺼번에 담당하셨다는 의미의 직분을 말한다.

선지자는 하나님의 말씀을 듣고 백성에게 그 말씀을 전해주는 직분이다. 하나님을 떠난 사람과 하나님 사이의 다리 역할을 하는 직분이지. 그런데 예수님은 자신이 직접 하나님과 사람 사이의 길이 되어 주셨단다. 그래서 예수님을 선지자 중의 선지자, **참 선지자**라고 한다.

*

요한복음 14장 6절, 예수께서 이르시되 내가 곧 길이요 진리요 생명이니 나로 말미암지 않고는 아버지께로 올 자가 없느니라

제사장은 하나님께 제사 드리는 직분이다. 구약시대 사람들은 죄를 지을 때마다 짐승의 피로 제사를 지냈다. 제사장이 그 사람의 죄를 대신하여 짐승을 잡고 피를 흘려서 그 사람의 죄를 용서받게 했지. 그런데 예수님은 하나님이기 때문에 그 어떤 죄도 없으신 데도 우리의 모든 죄를 해결하시기 위해 십자가에 달려 죽으셨지. 예수님은 우리가 그토록 두려워하는 죄와 저주를 해결하신 제사장 중의 제사장, **참 제사장**이시다.

*

마가복음 10장 45절, 인자가 온 것은 섬김을 받으려 함이 아니라 도리어 섬기려 하고 자기 목숨을 많은 사람의 대속물로 주려 함이니라

왕은 권세를 가지고 나라를 다스리며 자기 백성을 보호하는 직분이다. 예수님은 십자가에 달려 죽으시고 장사지낸 지 사흘 만에 다시 살아나셔서 사탄의 모든 권세를 꺾으신 승리의 왕, **참 왕**이시다.

요한일서 3장 8절, 죄를 짓는 자는 마귀에게 속하나니 마귀는 처음부터 범죄함이라 하나님의 아들이 나타나신 것은 마귀의 일을 멸하려 하심이라

예수님이 바로 이 세 가지 직분을 모두 담당하신 그리스도시란다. 하나님을 떠난 사람의 근본 문제를 해결할 **유일한** 길이 되신 분이지. 예수님을 그리스도로 받아들이는 **믿음**이 바로 행복을 찾는 비밀이다. 하나님은 우리에게 약속하신 이 그리스도를 우리가 믿기만 하면 **구원**하시겠다고 말씀하셨다.

예수님이 하나님 떠난 문제에서 나를 건져주신 참 선지자, 나의 죄 문제를 해결해주신 참 제사장, 그리고 사탄의 권세를 완전히 꺾으신 참 왕이심을 믿을 때 하나님 자녀가 되고, 하나님과의 관계가 회복되는 거란다. 그 방법이 바로 **영접기도**라고 하지. 준희도 이미 진심으로 이

기도를 드렸을 거라고 믿지만, 다시 한번 **구원의 감사**를 생각하며 <영접기도문>을 되새겨 보아라.

영접기도문

사랑의 하나님, 지금까지 나는 하나님을 모르고 내 마음대로 살았습니다. 이제 내가 죄인인 것을 깨닫고 회개합니다.

지금 내 마음의 문을 열고 예수님을 나의 구주, 나의 하나님으로 내 마음에 영접합니다. 나의 죄를 용서해주시고, 나를 구원해주셔서 감사합니다.

이제부터 하나님의 뜻에 순종하며 살게 해주세요. 살아계신 예수 그리스도 이름으로 기도합니다. 아멘

이 기도를 믿음으로 따라 했다면 누구든지 하나님 자녀가 된 거다. 우리가 영접한 예수님은 절대 우리를 떠나지 않으시고 천국에 갈 때까지 우리를 인도하시며 우리와 함께하신다. 다음에는 예수 그리스도를 영접한 사람이 받게 될 축복에 대해 알려주마. 준희가 구원을 받아 **하나님 자녀**가 되었다는 사실을 늘 기억하며 이 축복을 누렸으면 좋겠구나.

일곱 번째 질문,
하나님이 나와 함께하신다는 사실을 어떻게 알 수 있나요?

사랑하는 준희, 보아라.

준희야, 예수 그리스도를 진심으로 영접한 사람은 더 이상 사탄이 지배하는 운명 속에 살지 않아도 된다. 왜냐하면, 운명에서 벗어나 하나님의 계획안에 사는 하나님 자녀가 되었기 때문이지.

*

요한복음 1장 12절, 영접하는 자 곧 그 이름을 믿는 자들에게는 하나님의 자녀가 되는 권세를 주셨으니

하나님과의 관계가 회복된 그 순간부터, 삶의 모든 부분에 그분의 손길이 닿게 된다. 우리가 하나님이 우리 주인이심을 시인하고, 우리 인생을 주관하고 계심을 믿음으로 의지할 때, 하나님의 영이신 **성령**께서 영원히 함께하시며 인도하신다. 그분은 우리의 생각과 마음이 어디로 향해야 하는지 알려주시고 선한 지혜를 주시지.

사도행전 8장을 보면, 빌립 역시 성령 인도를 따라 에디오피아 내시를 만났단다. 성령 하나님이 빌립의 발걸음을 인도하시고, 에디오피아 내시에게 예수 그리스도의 복음을 전하게 하셨단다. 그때 빌립 안에 계셨던 성령께서는 지금 하나님 자녀인 우리 안에도 계신다.

＊

고린도전서 3장 16절, 너희는 너희가 하나님의 성전인 것과 하나님의 성령이 너희 안에 계시는 것을 알지 못하느냐

그래서 우리는 내 생각을 내려놓고 **성령 인도**를 받도록 **기도**해야 하는 거다. 구원받은 순간부터 하나님이 우리의 기도를 모두 들어주시니까. 아주 작은 부분까지도 말이다.

사도행전 12장을 보면, 베드로가 감옥에 갇혀 죽게 되었지. 그래서 교회 사람들이 모여 밤새도록 베드로를 위해 기도했단다. 그러자 그날 밤, 베드로를 묶어 둔 쇠사슬이 풀리고 감옥 문이 열렸다. 이렇게 하나님이 바로 응답해주시는 기도도 있지만, 때로는 하나님이 안 된다고 응답하시기도 한다.

고린도후서 12장을 보면, 바울에게는 치명적인 약점

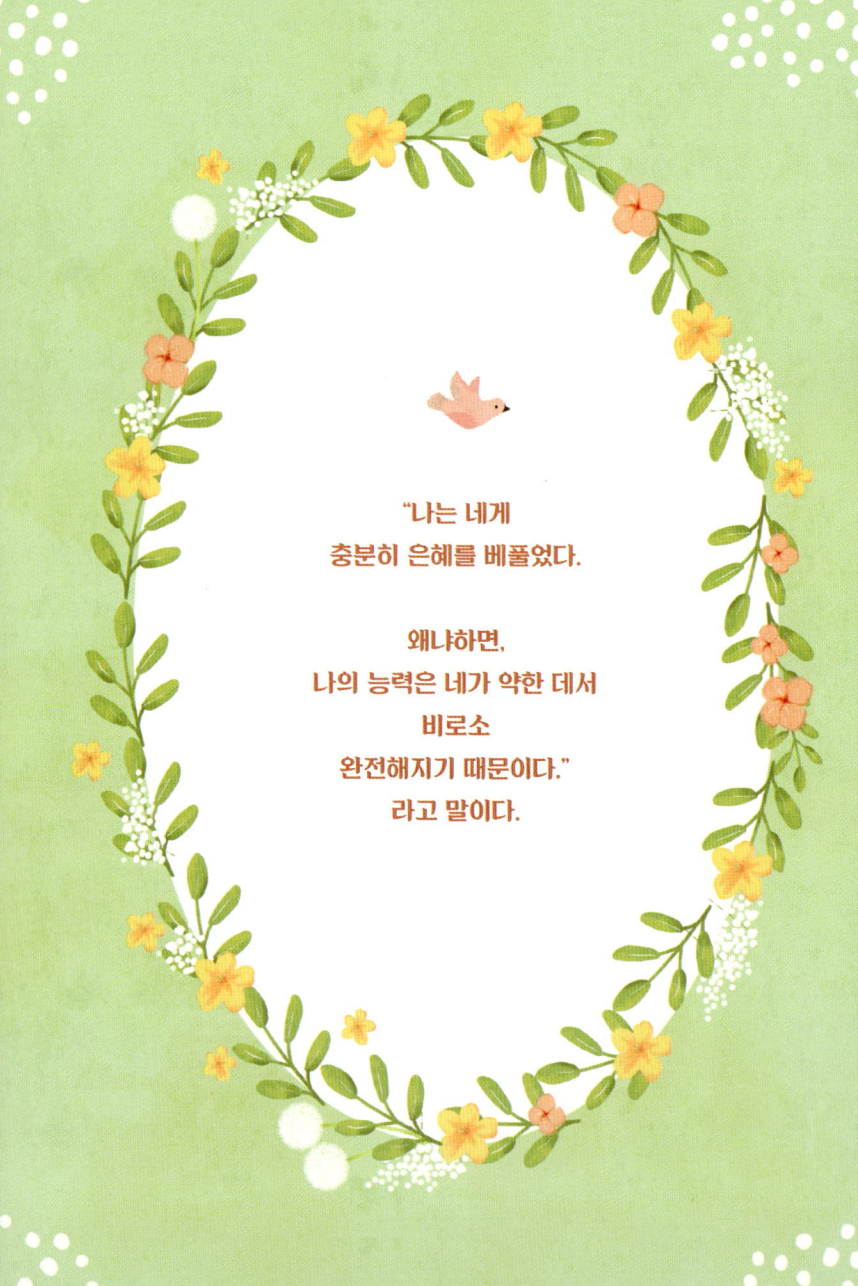

"나는 네게
충분히 은혜를 베풀었다.

왜냐하면,
나의 능력은 네가 약한 데서
비로소
완전해지기 때문이다."
라고 말이다.

이 있었다고 하는구나. 바울이 그 약점을 고쳐달라고 하나님께 세 번이나 기도했지. 그런데 아무리 간절히 기도해도 하나님이 그 약점을 고쳐주지 않으셨다. 대신 바울에게 이렇게 말씀하셨단다.

"나는 네게 충분히 은혜를 베풀었다. 왜냐하면, 나의 능력은 네가 약한 데서 비로소 완전해지기 때문이다."라고 말이다.

그 이후로 바울은 그토록 자신을 고통스럽게 하던 연약함이 오히려 **그리스도의 능력**을 드러내는 자랑거리로 바뀌었다고 고백했지.

그리고 어떤 기도에는 기도제목 자체를 바꾸게 되는 응답을 주시기도 한다. 사무엘상 1장에 나오는 한나의 기도가 바로 그런 기도지. 한나가 하나님께 아들을 달라고 아무리 기도해도 임신이 되지 않았단다. 그건 하나님이 원하시는 기도제목이 아니었다. 매일같이 눈물로 기도하던 한나의 마음에 어느 날, 하나님의 소원이 품어졌단다. 하나님이 시대를 살릴 나실인을 원하신다는 것을 말이다. 그 후, 한나는 아들을 낳으면 그 아이를 하나님의 사람으로 키우겠다는 결단을 했지. 그리고 다시 기도하기 시작했다. 한나가 그렇게 기도제목을 바꾸자, 하나님이 바로 아들을 주셨는데 그가 바로 다윗을 왕으로 세운 선지자, 사무엘이었단다.

준희야, 이렇게 하나님은 어떤 기도에도 모두 응답하신다. 그러니 포기하지 말고 기도를 누렸으면 좋겠구나. 그리고 잊지 말아야 할 것은 모든 기도는 감사함으로 해야 한다는 것이다. 나를 구원해주셔서 기도할 수 있게 해주신 그 은혜를 절대 잊지 말기를 바란다.

*

빌립보서 4장 6~7절, 아무 것도 염려하지 말고 다만 모든 일에 기도와 간구로, 너희 구할 것을 감사함으로 하나님께 아뢰라 그리하면 모든 지각에 뛰어난 하나님의 평강이 그리스도 예수 안에서 너희 마음과 생각을 지키시리라

하나님이 하나님 자녀인 우리와 함께하신다는 사실은 바로 **하나님과 대화**하는 기도의 시간을 통해서 알 수 있다는 것도 늘 명심하거라.

*

요한복음 16장 24절, 지금까지는 너희가 내 이름으로 아무 것도 구하지 아니하였으나 구하라 그리하면 받으리니 너희 기쁨이 충만하리라

준희야, 사탄은 예수님이 부활하실 때 그 권세가 꺾이긴 했지만, 아직 살아있는 존재란다. 그래서 예수님이 다시 오실 그날까지 계속해서 사람들이 하나님에게서 멀어지도록 속임수를 쓴다. 심지어 하나님 자녀들에게도 말이다. 그래서 우리는 늘 기도하며 깨어있어야 하는 거란다. 사탄의 속임수를 인식하기 위해서지. 감사하게도 하나님 자녀들은 예수 그리스도 이름으로 사탄 권세를 꺾는 **권능**도 받았다. 하나님이 주신 선물이지.

*

누가복음 10장 19절, 내가 너희에게 뱀과 전갈을 밟으며 원수의 모든 능력을 제어할 권능을 주었으니 너희를 해칠 자가 결코 없으리라

준희야, 언제 어디서나 보이지 않게 우리를 도와주는 존재가 있다면 얼마나 든든하겠냐?

하나님 자녀에게만 주신
소중한 선물을
날마다 기억하렴.

하나님 자녀인 우리에게 그런 일이 진짜로 일어난다. 하나님이 **천사**를 보내셔서 우리를 보호하시거든.

다니엘 6장을 보면, 다니엘이 억울한 음모를 당해 사자 굴에 갇히게 되었다. 배고픈 사자들과 굴속에 함께 갇혔을 때 얼마나 두려웠을까? 그런데 하나님은 기도하는 다니엘에게 사자들과 싸울 수 있는 칼을 주지 않으셨다. 천사를 보내셔서 사자들의 입을 막으셨지. 그래서 다니엘은 털끝 하나 다치지 않았고, 오히려 자신을 궁지로 몰아넣은 많은 사람 앞에서 하나님을 알리게 되었다.

천사들은 우리의 기도를 하나님께로 가져가는 일도 한다. 요한계시록 8장을 보면, 천사들이 금 쟁반에 하나님 자녀의 기도를 담아서 하나님께로 가져가는 모습이 나오지. 그리고 하나님이 주신 응답을 전달해 주기도 한다. 이렇게 천사들이 쉬지 않고 우리를 돕고 있는 모습을 상상해 보렴. 대통령도 부러워할 신분 아니겠니?

*

히브리서 1장 14절, 모든 천사들은 섬기는 영으로서 구원 받을 상속자들을 위하여 섬기라고 보내심이 아니냐

대한민국 시민권을 가진 사람은 대한민국의 보호를 받고, 미국 시민권을 가진 사람은 미국의 보호를 받지. 마찬가지로 예수 그리스도를 영접한 하나님 자녀는 생명책에 이름이 기록된 **천국 백성**이 된다. 그래서 하나님의 절대적인 보호를 받게 되지.

*

빌립보서 3장 20절, 그러나 우리의 시민권은 하늘에 있는지라 거기로부터 구원하는 자 곧 주 예수 그리스도를 기다리노니

준희야, 하나님은 우리가 전 세계에 복음을 전하는 증인이 되길 원하신다. 그런데 사실 우리는 할 것이 없다. 단지 하나님이 행하실 일을 믿고 기도할 때, 하나님이 일하시는 것을 보게 된단다. 그리고 하나님은 그 일을 이루시는 자리에 기도하는 우리를 세우셔서 **증인**이 되게 하신단다. 이런 증인의 삶이 우리 준희의 삶이 되도록, 하나님의 소원에 담기길 기도하고 있다. 요셉처럼 말이다.

요셉은 야곱이 노년에 낳은 아들이라 정말 귀하게 자랐단다. 그런데 형들의 시기 질투로 인해 이집트라는 나라로 팔려가게 되었지. 그런데 요셉의 삶은 하나님의 소원에 담겨 있었다. 그래서 이집트에서 노예로 있을 때도, 억울한 누명을 쓰고 감옥에 갇혔을 때도, 하나님이 함께 하셨기 때문에 불행하지 않았어. 결국, 이 모든 일은 하나님이 요셉을 통해 이집트에 하나님을 알리는 과정이었거든.

준희도 하나님의 소원을 마음에 담고, 성령으로 가득해지도록 기도해보렴. 하나님이 준희의 발걸음을 통해 전 세계에 복음을 전하는 축복의 길로 인도해주실 거라고 믿는다.

어느 날, 우리는 그 자리에 있을 것을 확신한다.

*

사도행전 1장 8절, 오직 성령이 너희에게 임하시면 너희가 권능을 받고 예루살렘과 온 유대와 사마리아와 땅 끝까지 이르러 내 증인이 되리라 하시니라

EPILOGUE

하나님을 만나고 난 후

* 매일 누려야 할 것

* 할아버지의 기도

* 추신, 잊지 말 것

매일 누려야 할 것

준희야, 할아버지가 하나님을 만나고 나서 달라진 점들이 있다.

하나님을 만나기 전, 할아버지는 낚시하거나 집에서 퀴즈쇼를 보는 것이 유일한 삶의 낙이었지. 그런데 하나님을 만나고 난 후에는 예배드리는 시간과 기도하는 시간이 가장 행복하고 힘을 얻는 시간이 되었다. 너도 매일 이 시간을 사모하고 누렸으면 좋겠구나.

그러려면 교회를 올바르게 이해하는 것도 좋겠다. 교

회는 구원을 받은 하나님 자녀들이 모인 곳이다. 그래서 하나님이 가장 소중하게 여기시는 곳이지. 하나님은 교회를 통해서 하나님을 모르는 세상에 복음이 전해지기를 원하신다. 또 교회를 통해서 지금도 일하고 계시지. 교회는 정말 중요한 곳이란다.

사랑하는 준희야, 교회를 사랑하는 청년으로 성장하길 기도한다. 그리고 예배를 드릴 때 정말 마음을 다해 찬양하고 말씀에 귀 기울여 보아라. 되도록 제일 앞자리에 앉아 목사님이 하시는 말씀을 기록하며 듣는 것도 좋을 거다.

그리고 예배를 드리고 나서는, 받은 말씀을 붙잡고 매일 기도해보는 거다. 그러면 큰 힘을 얻게 될 거다. 말씀이 삶의 모든 부분에 답이 되는 기적도 체험하게 될 게야.

그리고 할아버지가 또 한 가지 달라진 점은 모든 일에 감사하는 마음이 생겼다는 거다. 일할 때도, 여러 사람을 만날 때도, 예전엔 불평, 불만거리였을 일들조차 기도가 된다. 그리고 모든 일에 하나님의 계획이 있음을 확인하면서 할아버지와 함께하시는 하나님을 체험하곤 한단다. 그러니 어찌 감사하지 않을 수 있겠니.

준희야, 혹시 기도하는 것이 어렵게 느껴지고 어떻게 기도해야 할지 모르겠다면, 할아버지가 평소에 하는 기도를 뒤에 적어주마.

이 기도를 따라 해도 좋고, 준희만의 기도를 해도 좋다. 기도는 전혀 어려운 것이 아니고, 하나님과 대화하는 시간이니 편안하게 누렸으면 좋겠구나.

- 준희를 사랑하는 할아버지가 씀

할아버지의 기도

"하나님, 감사합니다.

그리스도는 내 인생 모든 문제의 해답이시며 내 삶의 주인이십니다.

지금 이 시간 기도하는 저에게 성령으로 충만하게 역사하여 주옵소서.

예수님은 하나님 만나는 길 되신 참 선지자 그리스도이심을 믿습니다.

예수님은 죄와 저주에서 해방하신 참 제사장 그리스도이심을 믿습니다.

예수님은 사탄의 세력을 멸하신 참 왕 그리스도이심을 믿습니다.

예수 그리스도를 보내셔서 나를 자녀 삼아주시고 구원해주셔서 감사합니다.

성령께서 영원히 함께하시며 내 삶을 인도해주시니 감사합니다.

날마다 하나님 자녀임을 누리고 감사하게 하옵소서.

바쁜 하루 중에 생명의 양식으로 주신 하나님의 말씀을 가장 먼저 붙잡을 수 있게 하옵소서.

오직 하나님께 집중하여 상처받은 나의 마음과 생각, 육신이 치유되게 하옵소서.

하나님의 말씀이 나의 삶에 균형을 이루고, 나를 통해 많은 생명이 살아나는 증인의 삶을 살게 하옵소서.

예수 그리스도 이름으로 기도드립니다. 아멘"

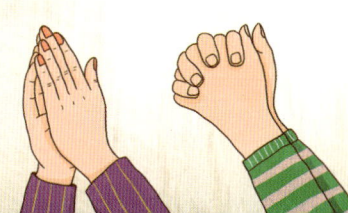

추신, 잊지 말 것

　혹시 누구에게도 말 못 할 잘못을 저질렀다면, 하나님께 먼저 고백해보렴. 하나님이 용서해주시고 죄를 깨끗하게 지워주시겠다고 약속하셨거든. 가끔 준희가 어려운 일을 만나기도 하겠지. 그래도 낙심하거나 실망하지 않아도 된다. 하나님은 하나님 자녀들에게 각자의 수준대로, 감당할 수 있는 만큼만 어려움을 허락하시니까. 하나님과 함께하면 그 어떤 어려운 일에도 반드시 승리할 거라는 확신을 해라. 성령께서는 하나님 자녀를 절대로 떠나지 않으신다.